Armando Barraza

Analogías metafóricas

Armando Barraza

Analogías metafóricas

Analogías: pedagógica y metafórica

JustFiction Edition

Imprint

Cover image: www.ingimage.com

Publisher:
JustFiction! Edition
is a trademark of
Dodo Books Indian Ocean Ltd. and OmniScriptum S.R.L publishing group

120 High Road, East Finchley, London, N2 9ED, United Kingdom
Str. Armeneasca 28/1, office 1, Chisinau MD-2012, Republic of Moldova, Europe
Printed at: see last page
ISBN: 978-620-6-74282-1

Título: Analogías: Metafóricas.

Didáctica, pedagógica, filosófica, integral,

Psicopedagógica, metafórica y amor.

Resumen.

Porque la palabra de Dios (Designio Inteligente) es viva y eficaz, mas cortante que toda espada de dos filos, penetra hasta partir el alma (mente) y espíritu (conciencia), las coyunturas y los tuétanos, y discierne los pensamientos y las intenciones del corazón.

(hebreos. 4:12)

Metáfora: f. Ret. Tropo que consiste en trasladar, mediante una comparación mental, el sentido recto de las voces a otro figurado.

(Diccionario de la lengua española.) **Metafórico, Ca** adj. Concerniente a la metáfora.

Palabras clave:

Didáctica, pedagógica, filosófica, integral, psicológica, metafísica y amor.

Autor: Armando Barraza Cuéllar.

Capítulo uno.

Analogías: Metafóricas.

Didáctica, pedagógica, filosófica, integral

Psicopedagógica, metafórica y amor.

Resumen.

Porque la palabra de Dios (Designio Inteligente) es viva y eficaz, más cortante que toda espada de dos filos, penetra hasta partir el alma (menta) y espíritu (conciencia), las coyunturas y los tuétanos, y discierne los pensamientos y las intenciones del corazón. Hebreos. 4:12.

Palabras clave. Didáctica, pedagógica, filosófica, integral, psicológica, metafísica y amor.

Introducción. *Vamos* a abordar de lo sencillo a lo más profundo la palabra, palabra escrita y palabra del maestro(a), del estudiantado y de lector(a), y vamos a ver, a percibir, a sentir, que tan fuerte es la palabra a través de nuestra sangre, que es capaz de partir la mente, a discierne, y a través de la consciencia donde llega hasta lo más profundo del discernimiento del ser humano, a tal grado que llega a cada una de nuestras células eucariotas, con toda su complejidad celular, hasta llegar al núcleo, al nucléolo, hasta el túnel nuclear y por supuesto tiene que llegar hasta la luz esa luz que es el ADN de nuestras células, de nuestros tejidos, de nuestros órganos, de nuestros aparatos, y de nuestros sistemas, en resumen en toldo nuestro ser. La palabra escrita, verbal o corporal es tan fuerte que paraliza a todo aquel que la reciba, nada mas debo decir, que la palabra de acuerdo al mensaje tiene dos caminos, como es parecida a una espada de dos filos, puede destruir como edificar, de acuerdo al mensaje, y de acuerdo como la recibe el receptor y la canalice en su mente, consciencia, lo flujo sanguíneo, su ADN, su corazón, sus sistemas y sus tres cerebros (cerebro humano, cerebro mamífero y su cerebro reptiliano).

Pues bien vamos a elaborar analogías, mapas mentales, cognitivos, y hasta acrósticos, para poder llegar a todo aquel o aquella que quiera que le penetre la palabra para una mejora en su interior, y por ende su exterior.

Hoy día, no es muy usual que el estudiante, maestro y lectores tengan el habito de leer, pero para poder saber, discernir, entender, comprender, y ser servidores ante la sociedad.

Necesitamos leer, y comprender, que nos quiere decir, palabra tras palabra, renglón sobre renglón, si no lo hacemos así, nos vamos a perder, ya demás está escrito en Oseas. 4- 6. (Mi pueblo se perdió, porque le falto conocimiento) y esto es una analogía. “**Sembremos en el desierto de los cuatro vientos, ha empezado a llover. (Barraza).**

Metodología sistemática.

Vamos a iniciar diciendo, que cada ser humano que llega a este planeta llamado Tierra es único, no hay, fíjese muy bien, lo que estoy diciendo, no hay dos personas iguales en este mundo, cada ser humano es único, por su genética, por sus 23 mil genes, por su simplicidad y complejidad de sus células, de sus funciones, de su organización, de su desorganización y de su reorganización, y así es en todos sus tejidos, sus órgano, sus aparatos y sus sistemas, además cada ser humano tenemos más cien mil millones de neuronas (neuronas monopolar, neuronas bipolar y neuronas multipolar) además tenemos una Masa Encefálica y en ella se encuentra tres cerebros que son (cerebro humano con sus dos hemisferios, cerebro límbico- hormonal- mamífero y cerebro reptiliano que está integrado por bulbo raquídeo, el mesencéfalo y la protuberancia anular) somos una potencia, somos lo máximo, pero para que esto funcione y actué, ya depende de cada persona, cada quien llega hasta dónde quiere llegar.

Cuando tenemos el hábito de la lectura, y lo hacemos día tras día, y le ponemos la atención, que merece la lectura, leemos con mucha paciencia, con mucha atención palabra por palabra, y claro enseguida de nosotros debemos de tener un diccionario de la lengua española, y filosófico, para cuando si entendemos, es cuando la palabra y palabras penetran en nuestra mente, donde se encuentra el hip- campus (donde está la memoria de corto mediano y largo plazo) y hace una sinapsis neuronal para que nuestra mente y consciencia empiezan a integran los conceptos con es apalabra y empieza nuestro cerebro a elaborar analogías metafórica, y se inician los enlaces, tanto el lenguaje verbal como el lenguaje corporal, y la relacionamos con diferentes órganos, sistemas y aparatos, de tal suerte que se inicia toda una gama de analogías, y esto nos lleva a otro nivel de complejidad, que todo nuestro cuerpo, empieza a temblar, cuando entendemos la complejidad de la palabra que hace clic en diferentes tiempos, y con otras palabras, que también empieza a trabajar nuestras imágenes enlazados con la palabra leída. Con todo esto y más, es cuando en verdad estamos aprendiendo a leer, tal como debe de ser.

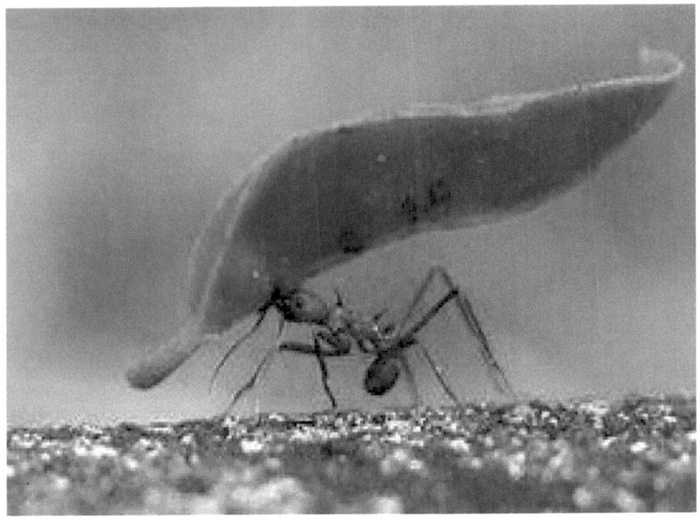

Discusión, sistemática e integral.

Muy bien, cuando hemos aprendido a leer tal como debe de ser, es cuando sentimos en nuestro cerebro humano y cerebro límbico-hormonal que penetro la palabra, tan fuerte que sentimos un latigazo, y esa palabra empieza a hacer enlaces con otras palabras de la lectura, que hacen que participen nuestras células, con sus organelos, con su núcleo, con su nucléolo, con el túnel nuclear y hasta con el ADN donde esta luz, la vida misma, y esta se enlazan con otras células a tal grado que participan nuestro tejidos, nuestros órganos, nuestros aparatos, nuestros huesos, nervios, cartílagos, coyunturas, músculos, y es tanto la fuerza de la palabra que nuestros sentimientos, sensaciones, nuestro químicos, hormonas, y todo nuestro ser empieza a tener movimientos ,de tan fuerte que es, no podemos detener a esta máquina que es nuestro cuerpo con todo su complejidad, y hasta nos hace llorar, esto es saber leer correctamente. Esto es tener conocimiento, es comprender y discernimiento de la lectura a tal grado que nos hace entender que estamos enlazados con el mismo Cosmos y la tierra, con la flora y fauna, con todo lo que respira en este planeta Tierra. Tenemos que ser organizados, disciplinados y sobre tener amor en todo lo que se haga tanto intelectual como somático, llevar una metodología sistemática e integral, donde se palpe, se perciba se sienta que es de un principio hasta un final, por ejemplo: 1.- lectura- entendimiento-discernimiento, integrar los conceptos de diferentes ciencias, pero con el fin de discernir y que tenga solidez, y que concuerde con lo elido, y el mensaje sea unánime, eficaz y viva y que tenga un fin de servir y ser útil para uno y para los demás de mi entorno. Cuando hacemos esto y más con conferencia.

fluidez y tenga un propósito aprobado y útil, entonces vamos bien, seguimos, porque debe de enlazarse con otros autores, por ejemplo. si estamos leyendo de que la palabra es viva y eficaz, más cortante que toda espada de dos filos, y que penetra hasta partir el alma y el espíritu, las coyunturas, y los tuétanos y que discierne los pensamiento y las intenciones del corazón, esto me lleva a una excelente lectura para el lector (a)esta persona, ay sea lector, estudiante o maestro, si sabe leer, porque le penetre la palabra que está leyendo hasta lo más profundo de su ser, y además la pone en práctica, es decir, teoría y práctica, teoría y campo de acción. Servid y ser servido, es un ir de venir, venir y un ir.

Mapa mental:

Didáctica, pedagógica, filosófica, integral

Psicopedagógica, metafórica y amor.

Estos siete conceptos encierran toda una gran verdad interna y externa del ser humano de los cuatro

La didáctica, la pedagogía, la filosofía, la integridad, la psicopedagogía, la metafórica y el amor, son siete conceptos que todo ser humano debemos de ponerlo en práctica, desde que tenemos tres años de edad, para que cuan do se aplica, que sabemos que todos los días están en nuestro entorno, para poder entrar a un proceso de enseñanza y aprendizaje a través de procesos, para perfeccionar lo aprendido y cuando se pongan en práctica sea lo más viable, exacto y perfecto, de que se puede, se puede, pero hay que practicarlo a diario.

La analogía es viable porque podemos hablar de un concepto o algo práctico y lo podemos relaciona con diferentes temas pero que estén enlazados con nuestro fin de enseñar, llevando la filosofía, la didáctica, la pedagogía, la psicología y hasta lo social, para todo aquello que es viable sea puesto en práctica para un solo fin que sea viable para, los demás y para un mismo.

Resumiendo.

Aquí lo importante es, que cada estudiante, cada maestro y cada lector(a) haya lo que tiene que hacer, si quiere incrementar las funciones cognitivas, e intelectuales, a través de la lectura, con la ayuda de la didáctica, de la pedagogía, de la filosofía, etc., y que iniciemos el proceso desde el principio y ponerlo poco a poco en práctica, para percibir, y ver nuestra debilidades y nuestras fortalezas, y poder estar corrigiendo cada día nuestras debilidades en los diferentes rubros, y ser disciplinados y corregidos, para poder crecer, en lo somático y en lo intelecto, tal como debe de ser.

Recapitulando. Muy bien, cuando hemos aprendido a leer tal como debe de ser, es cuando sentimos en nuestro cerebro humano y cerebro límbico- hormonal que penetro la palabra, tan fuerte que sentimos un latigazo, y esa palabra empieza a hacer enlaces con otras palabras de la lectura, que hacen que participen nuestras células, con sus organelos, con su núcleo, con su nucléolo, con el túnel nuclear y hasta con el ADN donde esta luz, la vida misma, y esta se enlazan con otras células a tal grado que participan nuestro tejidos, nuestros órganos, nuestros aparatos, nuestros huesos, nervios, cartílagos, coyunturas, músculos, y es tanto la fuerza de la palabra que nuestros sentimientos, sensaciones, nuestro químicos, hormonas, y todo nuestro ser empieza a tener movimientos ,de tan fuerte que es, no podemos detener a esta máquina que es nuestro cuerpo con todo su complejidad, y hasta nos hace llorar, esto es saber leer correctamente. Esto es tener conocimiento, es comprender y discernimiento de la lectura a tal grado que nos hace entender que estamos enlazados con el mismo Cosmos y la tierra, con la flora y fauna, con todo lo que respira en este planeta Tierra. Tenemos que ser organizados, disciplinados y sobre tener amor en todo lo que se haga tanto intelectual como somático, llevar una metodología sistemática e integral, donde se palpe, se perciba se sienta que es de un principio hasta un final, por ejemplo: 1.- lectura-entendimiento- discernimiento, integrar los conceptos de diferentes ciencias, pero con el fin de discernir y que tenga solidez, y que concuerde con lo elido, y el mensaje sea unánime, eficaz y viva y que tenga un fin de servir y ser útil para uno y para los demás de mi entorno. Cuando hacemos esto y más con conferencia.

Capitulo dos.

2 Timoteo. Capítulo 3 versículo 16 dice así: Toda la Escritura es inspirada por Dios, y útil para ensenar, para redargüir, para corregir, para instruir en justicia.

Resumen. Toda la Escritura es inspirada por Dios, y útil para ensenar, para redargüir, para corregir, para instruir en justicia.

Palabras clave.

Escritura, ensenar, redargüir, corregir, instruir, justicia, Dios, maestro, estudiante.

Instrucción.

2 Timoteo. Capítulo 3 versículo 16 dice así: Toda la Escritura es inspirada por Dios, y útil para ensenar, para redargüir, para corregir, para instruir en justicia. Escritura, ensenar, redargüir, corregir, instruir, justicia, Dios, maestro, estudiante.

3:16 Toda la Escritura. Otras construcciones griegas con gramática similar (Romanos. 7: 12; 2 Corintios. 10:10; 1 Timoteo. 1: 15; 2:3; 4:4) permiten hacer el argumento persuasivo de que la traducción "toda la Escritura es dada por inspiración..." es precisa. Esto incluye tanto el Antiguo como el Nuevo Testamento (vea las notas sobre 2 Pedro. 3:15, 16, que identifica los escritos del Nuevo testamento como parte de las Escrituras) **inspirada por Dios.** Lit. "respirada por Dios", o "exhalada por Dios". en algunas ocasiones Dios dijo a los escritores de la Biblia las palabras exactas que debían decir o escribir (p. ej, Jeremías. 1:9), pero con mayor frecuencia El uso la mente de cada uno de ellos, vocabularios y experiencias para producir su propia Palabra infalible e inerrante (vea las notas sobre 1 Tesalonicenses. 2: 13; Hebreos. 1:1;

2 Pedro. 1: 20, 21). Es importante advertir que la inspiración solo se aplica a los escritos bíblicos originales no a los escritores bíblicos. No existen escritores bíblicos inspirados, solo Escrituras inspiradas. Dios se identifica tanto con su Palabra que cada vez que hablan las Escrituras, Dios es quien habla (cp. Romanos. 9:17; Gálatas. 3:8).

Metodología sistemática.

Las Escrituras se identifican como “la palabra (o los oráculos de Dios” (Romanos. 3:2; 1 Pedro. 4:11), y no pueden ser alteradas (Juan. 10:35; Mateo. 5:17,18; Lucas. 16:17; Apocalipsis. 22:18,19). **ensenar.** También se puede traducir “doctrina” y se refiere a la instrucción divina o el contenido doctrinal del Antiguo y del Nuevo Testamento (cp. 2:15; Hechos. 20:18, 20, 21, 27; 1 Corintios. 2:14-16; Colosenses. 3:16; 1 Juan. 2:20, 24,27). Las Escrituras suministran el cuerpo comprensivo y completo de verdad divina que es necesario para la vida y la piedad.

Cp. el Salmo 119:97-105. **redargüir.** La Biblia es útil para reprender a las personas por su conducta errónea o sus creencias equivocadas. Las Escrituras exponen todo pecado a la luz (Hebreos. 4:12,13) a fin de que pueda ser tratado mediante la confesión y el arrepentimiento. **corregir.** La restauración de algo a su condición integra y correcta. La palabra solo aparece aquí en el Nuevo Testamento, pero se empleaba en el idioma griego para aludir al enderezamiento de un objeto que hubiera caído, o a ayudar a alguien que hubiera tropezado para ponerse otra vez de pie. Las Escrituras no solo exponen y amonestan la conducta errónea, sino que también muestran el camino de regreso a una vida piadosa. Cp. el Salmo 119: 9-11; Juan. 15:1,2. **Instruir en justicia.** Las Escrituras suministran adiestramiento positivo (“instruir” era una actividad relacionada con el entrenamiento de un niño) en la conducta piadosa y no solo reprensión y corrección de conductas equivocadas (Hechos. 20: 32; 1 Timoteo. 4:6; 1 Pedro. 2.1,2).

Discusión.

Es de suma importancia que el estudiante, docente, el mismo estudiantado y la docencia, y también en lector de los cuatro vientos, entiendan que, para poder iniciar un proceso educativo, lo primero es: tener disciplina, tiempo, paciencia, amor, interés, terquedad, pedir sabiduría al Dios el Altísimo, constancia, estar con mucho ánimo, inteligencia, poder, consejería, conocimiento y sobre todo tener reverencia, temor al Todo Poderoso (Dios). Y más adelante para iniciar el proceso educativo, filosófico, didáctico, y convivir con la comunidad, hay que poder hacer enlaces, des enlaces y reenlaces, con los verbos, con el complemento, con las oraciones, lo que queremos que el estudiante, el docente, y público en general, entiendan lo que el autor, quiere decir y compartir sus ideas, para que exista una acción, en ello.

Hay que tener amor en la lectura, el buen habito, y sobre todo interés y disciplina para ello. Necesitamos llegar hasta la Cima, peor para ello, cada estudiante, cada maestro, cada institución educativa, cada padre de familia, cada ciudadano, debemos de tomar muy en serio esta maravillosa aventura, educativa, didáctica, filosófica, pedagógica, ética, y con mucho amor, para poder llegar hasta la Cima y para ello, hay que tener coraje, terquedad, disciplina, y empezar hoy, ¡Pues bien adelante!

Vamos pues a iniciar con una excelente lectura, con mucho cuidado, y despacio e interés, para poder conjugar los verbos, las oraciones, y así poder enlazar, y luego desenlazar y posteriormente re enlazar y así podremos llegar a un: pensamiento complejo y llegaremos a una Complejidad y una Simplicidad.

Imagen.

eae
Armando Barraza
Por que, hoy dia, maestro y estudiante estan desintegrados
Acaso existe soberbia, en el docente y estudiantado

Cuadro mental.

Hay que tener amor en la lectura, el buen habito, y sobre todo interés y disciplina para ello. Necesitamos llegar hasta la Cima, peor para ello, cada estudiante, cada maestro, cada institución educativa, cada padre de familia, cada ciudadano, debemos de tomar muy en serio esta maravillosa aventura, educativa, didáctica, filosófica, pedagógica, ética, y con mucho amor, para poder llegar hasta la Cima y para ello, hay que tener coraje, terquedad, disciplina, y empezar hoy, ¡Pues bien adelante!

Vamos pues a iniciar con una excelente lectura, con mucho cuidado, y despacio e interés, para poder conjugar los verbos, las oraciones, y así poder enlazar, y luego desenlazar y posteriormente re enlazar y así podremos llegar a un: pensamiento complejo y llegaremos a una Complejidad y una Simplicidad.

Es de suma importancia, estar consciente, que estamos viviendo tiempos muy difíciles, respecto a la educación en línea y presencial de diferentes niveles educativos en los cuatro vientos, y que hoy día, el maestro esta por un lado y el estudiante por otro lado, y sin, sincronía en la enseñanza pedagógica y didáctica, creo que esto es muy grave para rodos y cada uno de nosotros.

Resumiendo. Es de suma importancia que el estudiante, docente, el mismo estudiantado y la docencia, y también en lector de los cuatro vientos, entiendan que, para poder iniciar un proceso educativo, lo primero es: tener disciplina, tiempo, paciencia, amor, interés, terquedad, pedir sabiduría al Dios el Altísimo, constancia, estar con mucho ánimo, inteligencia, poder, consejería, conocimiento y sobre todo tener reverencia, temor al Todo Poderoso (Dios). Y más adelante para iniciar el proceso educativo, filosófico, didáctico, y convivir con la comunidad, hay que poder hacer enlaces, des enlaces y reenlaces, con los verbos, con el complemento, con las oraciones, lo que queremos que el estudiante, el docente, y público en general, entiendan lo que el autor, quiere decir y compartir sus ideas, para que exista una acción, en ello.

Hay que tener amor en la lectura, el buen habito, y sobre todo interés y disciplina para ello. Necesitamos llegar hasta la Cima, peor para ello, cada estudiante, cada maestro, cada institución educativa, cada padre de familia, cada ciudadano, debemos de tomar muy en serio esta maravillosa aventura, educativa, didáctica, filosófica, pedagógica, ética, y con mucho amor, para poder llegar hasta la Cima y para ello, hay que tener coraje, terquedad, disciplina, y empezar hoy, ¡Pues bien adelante!

Vamos pues a iniciar con una excelente lectura, con mucho cuidado, y despacio e interés, para poder conjugar los verbos, las oraciones, y así poder enlazar, y luego desenlazar y posteriormente re enlazar y así podremos llegar a un: pensamiento complejo y llegaremos a una Complejidad y una Simplicidad.

Recapitulación. Las Escrituras se identifican como "la palabra (o los oráculos de Dios" (Romanos. 3:2; 1 Pedro. 4:11), y no pueden ser alteradas (Juan. 10:35; Mateo. 5:17,18; Lucas. 16:17; Apocalipsis. 22:18,19). **ensenar.** También se puede traducir "doctrina" y se refiere a la instrucción divina o el contenido doctrinal del Antiguo y del Nuevo Testamento (cp. 2:15; Hechos. 20:18, 20, 21, 27; 1 Corintios. 2:14-16; Colosenses. 3:16; 1 Juan. 2:20, 24,27). Las Escrituras suministran el cuerpo comprensivo y completo de verdad divina que es necesario para la vida y la piedad.

Cp. el Salmo 119:97-105. **redargüir.** La Biblia es útil para reprender a las personas por su conducta errónea o sus creencias equivocadas. Las Escrituras exponen todo pecado a la luz (Hebreos. 4:12,13) a fin de que pueda ser tratado mediante la confesión y el arrepentimiento. **corregir.** La restauración de algo a su condición integra y correcta. La palabra solo aparece aquí en el Nuevo Testamento, pero se empleaba en el idioma griego para aludir al enderezamiento de un objeto que hubiera caído, o a ayudar a alguien que hubiera tropezado para ponerse otra vez de pie. Las Escrituras no solo exponen y amonestan la conducta errónea, sino que también muestran el camino de regreso a una vida piadosa. Cp. el Salmo 119: 9-11; Juan. 15:1,2. **Instruir en justicia.** Las Escrituras suministran adiestramiento positivo ("instruir" era una actividad relacionada con el entrenamiento de un niño) en la conducta piadosa y no solo reprensión y corrección de conductas equivocadas (Hechos. 20: 32; 1 Timoteo. 4:6; 1 Pedro. 2.1,2).

Imagen.

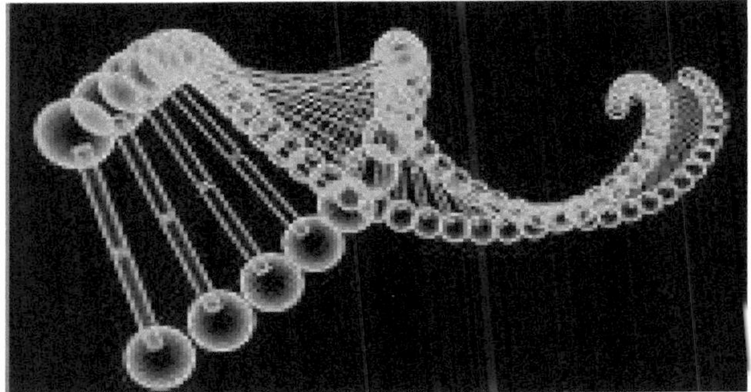
Siete Pasos para Llegar a la Consciencia
¿Cómo le puedo hacer, para llegar a la Consciencia?

Discusión final.

¿Qué tenemos que hacer? Para poder integrarnos maestro y estudiante hoy día, en el aula, creo que estamos viviendo tiempos muy difíciles, donde se ha perdido el respeto entre el docente y el estudiantado, ya no percibo la integridad en el aula de clases, y mucho menos que exista un enlace entre el maestro y el docente, ¡no sé, que va a pasar más adelante! esto me ¡Me asombra!

Existe en ambos lados: una soberbia, un egocentrismo por doquier, mucha vanidad, ya no veo ni percibo la: humildad de nuestro corazón-mente y mucho menos un quebrantamiento de nuestro espíritu-conciencia. ¡Que esta pasando hoy día! ¡No lo sé! Hay que tener amor en la lectura, el buen habito, y sobre todo interés y disciplina para ello. Necesitamos llegar hasta la Cima, peor para ello, cada estudiante, cada maestro, cada institución educativa, cada padre de familia, cada ciudadano, debemos de tomar muy en serio esta maravillosa aventura, educativa, didáctica, filosófica, pedagógica, ética, y con mucho amor, para poder llegar hasta la Cima y para ello, hay que tener coraje, terquedad, disciplina, y empezar hoy, ¡Pues bien adelante!

Vamos pues a iniciar con una excelente lectura, con mucho cuidado, y despacio e interés, para poder conjugar los verbos, las oraciones, y así poder enlazar, y luego desenlazar y posteriormente re enlazar y así podremos llegar a un: pensamiento complejo y llegaremos a una Complejidad y una Simplicidad.

Capitulo tres.

Por falta de conocimiento, el pueblo estudiantado y docentes se han perdido, y van rumbo a la Sima.

Resumen. Oseas. Capitulo 4 y versículo 6 dice así:

Mi pueblo fue destruido, porque le falto conocimiento. Por cuanto desechaste el conocimiento, yo te echare del sacerdocio, y porque olvidaste la ley de tu Dios, también yo me olvidaré de tus hijos.

4:6 te echare del sacerdocio. Puesto que había rechazado la instrucción del Señor, Israel ya no podía servir como su sacerdote para bendecir a las naciones (cp. Éxodo. 19: 6; Santiago. 3:1)

Palabras clave.

Conocimiento, maestro, estudiante, discípulo, amor, sabiduría, consejería.

Introducción.

Santiago. 3:1 dice así: Hermanos míos, no os hagáis condenación. **3:1 maestros.** Esta palabra se traduce "maestro" en los Evangelios y se refiere a una persona que se dedica a la enseñanza o a la predicación por nombramiento oficial (cp. Lucas. 4:16-27; Juan. 3:10; Hechos 13:14, 15; 1 Corintios. 12: 28; Efesios. 4:11). Debo decir que hoy día, ser maestro en lo cuatros vientos, en las diferentes instituciones educativas, de diferentes niveles, es una responsabilidad muy grande, y debe de tener una vocación docencia, de tal manera que debe de ser responsable ante el estudiantado, y ensenar con mucha dedicación, responsabilidad, con terquedad. Con ánimo, y tener pasión al estudiantado y la enseñanza. **Mayor condenación.** La palabra también se puede traducir "juicio" pero aquí expresa en particular un veredicto negativo y se refiere a un juicio futuro: 1) para el maestro falso e incrédulo en la segunda venida de Cristo (Judas, 14, 15 y 2) para el creyente al ser recompensado delante de Cristo (1 Corintios. 4:3-5) Esto no debería desalentar a los maestros verdaderos, pero si sirve para advertir al que aspira a ese ministerio sobre su gran seriedad (cp. Ezequiel. 3:17, 18; 33: 7-9; Hechos. 20:26, 27; Hechos. 13:17).

Tenemos que discernir, lo que estamos leyendo, palabra tras palabra, para poder hacer analogías metafóricas y cognitivas en nuestra mente, conciencia, y hacer en nuestro interior mapas mentales, y elaborar enlaces, des enlaces y des enlaces para poder legar a un pensamiento complejo y así que sea de provecho y enseñanza para nuestras vidas y después aplicarlo ante la sociedad y aplicarlo en nuestro diario vivir.

Metodología sistemática. Santiago. 3:1 dice así: Hermanos míos, no os hagáis condenación. **3:1 maestros.** Esta palabra se traduce “maestro” en los Evangelios y se refiere a una persona que se dedica a la enseñanza o a la predicación por nombramiento oficial (cp. Lucas. 4:16-27; Juan. 3:10; Hechos 13:14, 15; 1 Corintios. 12: 28; Efesios. 4:11). Debo decir que hoy día, ser maestro en lo cuatros vientos, en las diferentes instituciones educativas, de diferentes niveles, es una responsabilidad muy grande, y debe de tener una vocación docencia, de tal manera que debe de ser responsable ante el estudiantado, y ensenar con mucha dedicación, responsabilidad, con terquedad. Con ánimo, y tener pasión al estudiantado y la enseñanza. **Mayor condenación.** La palabra también se puede traducir “juicio” pero aquí expresa en particular un veredicto negativo y se refiere a un juicio futuro: 1) para el maestro falso e incrédulo en la segunda venida de Cristo (Judas, 14, 15 y 2) para el creyente al ser recompensado delante de Cristo (1 Corintios. 4:3-5) Esto no debería desalentar a los maestros verdaderos, pero si sirve para advertir al que aspira a ese ministerio sobre su gran seriedad (cp. Ezequiel. 3:17, 18; 33: 7-9; Hechos. 20:26, 27; Hechos. 13:17). Tenemos que discernir, lo que estamos leyendo, palabra tras palabra, para poder hacer analogías metafóricas y cognitivas en nuestra mente, conciencia, y hacer en nuestro interior mapas mentales, y elaborar enlaces, des enlaces y des enlaces para poder legar a un pensamiento complejo y así que sea de provecho y enseñanza para nuestras vidas y después aplicarlo ante la sociedad y aplicarlo en nuestro diario vivir.

Discusión.

Tenemos que discernir, lo que estamos leyendo, palabra tras palabra, para poder hacer analogías metafóricas y cognitivas en nuestra mente, conciencia, y hacer en nuestro interior mapas mentales, y elaborar enlaces, des enlaces y des enlaces para poder llegar a un pensamiento complejo y así que sea de provecho y enseñanza para nuestras vidas y después aplicarlo ante la sociedad y aplicarlo en nuestro diario vivir. Claro para poder llegar a estos niveles, se necesita tiempo, terquedad, constancia, coraje, animo, amor, sabiduría, e inteligencia, poder, consejería, conocimiento y tener reverencia la Dios el Altísimo, y estar al día, cada día, cada noche, en cada moento, hay quw ejetrciyar nuestra mente, conciencia, y hacerlo, por lo mneos una agina dia tras día, y podremos llegar a la Cima. Y podemos elaborar enlaces, des enlaces y reenlaces, para poder llegar a un conocimiento metafórico y así serán las maravillas Analogías metaforitas. Estamos viviendo tiempos muy difíciles en toda la sociedad, y en las instituciones educativas de los cuatro vientos en sus diferentes niveles educativas, tanto el estudiantado como la docencia, ya no queremos leer, mucho menos escribir correctamente, ya no hay un verdadero aprendizaje, ya todo lo queremos hacer a través del celular- Internet. ¡Que esta pasando hoy día! ¡No se que va a pasar mas adelante! Pero vamos caminando en un camino incorrecto y creo que vamos muy pronto a llegar a la Sima.

¿Usted que dice mi querido lector, estudiante y maestro de todo esto como lector, como escritor? Aporte tus comentarios por favor. Es de

Suma importancia, como escritor.

Imagen.

Cuadro mental.

Estamos viviendo tiempos muy difíciles en toda la sociedad, y en las instituciones educativas de los cuatro vientos en sus diferentes niveles educativas, tanto el estudiantado como la docencia, ya no queremos leer, mucho menos escribir correctamente, ya no hay un verdadero aprendizaje, ya todo lo queremos hacer a través del celular- Internet. ¡Que está pasando hoy día! ¡No sé qué va a pasar más adelante! Pero vamos caminando en un camino incorrecto y creo que vamos muy pronto a llegar a la Sima.

¿Usted que dice mi querido lector, estudiante y maestro de todo esto como lector, como escritor? Aporte tus comentarios por favor. Es de Suma importancia para mí, como escritor, como, maestreo, como medico y como padre de familia, es muy importante, aprender-aprendiendo a leer, a escribir, a entender, comprender, discernir, y llegar a un conocimiento profundo, para poder estar en al Cima, y que nadie venga a llevarnos a una Sima de ignorancia y mediocridad. Es por ello, que me preocupa por la juventud, por el estudiantado, por la docencia de los diferentes niveles educativos de los cuatro vientos.

Resumiendo. Santiago. 3:1 dice así: Hermanos míos, no os hagáis condenación. **3:1 maestros.** Esta palabra se traduce "maestro" en los Evangelios y se refiere a una persona que se dedica a la enseñanza o a la predicación por nombramiento oficial (cp. Lucas. 4:16-27; Juan. 3:10; Hechos 13:14, 15; 1 Corintios. 12: 28; Efesios. 4:11). Debo decir que hoy día, ser maestro en lo cuatros vientos, en las diferentes instituciones educativas, de diferentes niveles, es una responsabilidad muy grande, y debe de tener una vocación docencia, de tal manera que debe de ser responsable ante el estudiantado, y ensenar con mucha dedicación, responsabilidad, con terquedad. Con ánimo, y tener pasión al estudiantado y la enseñanza. **Mayor condenación.** La palabra también se puede traducir "juicio" pero aquí expresa en particular un veredicto negativo y se refiere a un juicio futuro: 1) para el maestro falso e incrédulo en la segunda venida de Cristo (Judas, 14, 15 y 20) para el creyente al ser recompensado delante de Cristo (1 Corintios. 4:3-5) Esto no debería desalentar a los maestros verdaderos, pero si sirve para advertir al que aspira a ese ministerio sobre su gran seriedad (cp. Ezequiel. 3:17, 18; 33: 7-9; Hechos. 20:26, 27; Hechos. 13:17). Tenemos que discernir, lo que estamos leyendo, palabra tras palabra, para poder hacer analogías metafóricas y cognitivas en nuestra mente, conciencia, y hacer en nuestro interior mapas mentales, y elaborar enlaces, des enlaces y des enlaces para poder legar a un pensamiento complejo y así que sea de provecho y enseñanza para nuestras vidas y después aplicarlo ante la sociedad y aplicarlo en nuestro diario vivir.

Recapitulando. Tenemos que discernir, lo que estamos leyendo, palabra tras palabra, para poder hacer analogías metafóricas y cognitivas en nuestra mente, conciencia, y hacer en nuestro interior mapas mentales, y elaborar enlaces, des enlaces y des enlaces para poder llegar a un pensamiento complejo y así que sea de provecho y enseñanza para nuestras vidas y después aplicarlo ante la sociedad y aplicarlo en nuestro diario vivir. Claro para poder llegar a estos niveles, se necesita tiempo, terquedad, constancia, coraje, animo, amor, sabiduría, e inteligencia, poder, consejería, conocimiento y tener reverencia la Dios el Altísimo, y estar al día, cada día, cada noche, en cada momento, hay que ejercitar nuestra mente, conciencia, y hacerlo, por lo menos una página, día tras día, y podremos llegar a la Cima. Y podemos elaborar enlaces, des enlaces y reenlaces, para poder llegar a un conocimiento metafórico y así serán las maravillas Analogías metaforitas. Estamos viviendo tiempos muy difíciles en toda la sociedad, y en las instituciones educativas de los cuatro vientos en sus diferentes niveles educativas, tanto el estudiantado como la docencia, ya no queremos leer, mucho menos escribir correctamente, ya no hay un verdadero aprendizaje, ya todo lo queremos hacer a través del celular-Internet. ¡Que está pasando hoy día! ¡No sé qué va a pasar más adelante! Pero vamos caminando en un camino incorrecto y creo que vamos muy pronto a llegar a la Sima.

¿Usted que dice mi querido lector, estudiante y maestro de todo esto como lector, como escritor? Aporte tus comentarios por favor. Es de

Suma importancia, como escritor.

Imagen.

JustFiction!
Edition
Por que hoy día al estudiante le gusta memorizar en vez de comprender
Estudiante le gusta memorizar
TODOS
TUS
LIBROS
.COM

Imagen.

JustFiction!
Edition
Docente y estudiantado, necesitamos los frutos del cerebro humano
docente, estudiantado y frutos.
TODOS
TUS
LIBROS
.COM

Capitulo cuatro.

Y el mismo constituyo a unos, apóstoles; a otros, profetas; a otros, evangelistas, a otros, pastores y maestros.

(Efesios. Capítulo 4 y versículo 11.)

Resumen. Y el mismo constituyo a unos, apóstoles; a otros, profetas; a otros, evangelistas, a otros, pastores y maestros. **4.11 el mismo constituyo a unos.** Como lo evidencio tras cumplir perfecto de la voluntad de su Padre, Cristo poseía toda la autoridad y soberanía para asignar los dones espirituales (vv. 7, 8).

Palabras clave.

Maestros, sabiduría, inteligencia, consejería, poder, consejería, conocimiento y reverencia al Dios el Eterno.

Introducción. Y el mismo constituyo a unos, apóstoles; a otros, profetas; a otros, evangelistas, a otros, pastores y maestros. **4.11 el mismo constituyo a unos.** Como lo evidencio tras cumplir perfecto de la voluntad de su Padre, Cristo poseía toda la autoridad y soberanía para asignar los dones espirituales (vv. 7, 8). Maestros, sabiduría, inteligencia, consejería, poder, consejería, conocimiento y reverencia al dios el Eterno. A aquellos que Él había llamado al servicio en su iglesia. No solo dio dones, sino hombres bien dotados por El mismo. **apóstoles.** Vea la nota sobre capítulo 2 y versículo 20. Un término que se aplica en particular a los doce discípulos que habían visto al Cristo resucitado (Hechos. 1: 22), incluido Matías que reemplazo a Judas. Mas adelante, Pablo también fue llamado y apartado de forma única como el apóstol de Jesucristo a los gentiles (Gálatas. 1: 15-17) y fue contado entre los apóstoles. Este apóstol también tuvo un encuentro personal y milagroso con Jesús al convertirse en el camino a Damasco (Hechos. 9: 1-9; Gálatas. 1: 15-17). Esos apóstoles fueron escogidos por Cristo de forma directa y por eso llegaron a conocerse como "apóstoles de Jesucristo" (Gálatas. 1:11; 1 Pedro. 1:1) Cristo les asigno tres responsabilidades básicas: 1) poner los conocimientos fundamentales de la iglesia (Efesios. 2.20), 2) recibir, declarar y escribir la Palabra de Dios (Efesios. 3:5; Hechos, 11: 28; 21: 10, 11) y 3) dar confirmación de esa Palabra por medio de señales, prodigios y milagros (2 Corintios. 12: 12 cp. Hechos. 8: 6, 7; Hebreos. 2.3, 4). El término "apóstol" también se emplea en sentido mas general para designar a otros hombres en la iglesia primitiva, como Bernabé.

(Hechos. 14:4).

Silas. Timoteo (1 Tesalonicenses. 2:6) y otros (Romanos. 16: 7; Filipenses. 2.25) Estos se denominan “apóstoles en las iglesias” (2 Corintios. 8:23) y no “apóstoles de Jesucristo” como los primeros trece.

Metodología sistemática. El término "apóstol" también se emplea en sentido mas general para designar a otros hombres en la iglesia primitiva, como Bernabé (Hechos. 14:4), Silas, Timoteo (1 Tesalonicenses 2:6) y otros (Romanos 16:7; Filipenses. 2:25). (Hechos. 14:4). Estos se denominan "apóstoles en las iglesias" (2 Corintios. 8:23) y no "apóstoles de Jesucristo" como los primeros trece. Ninguno de los apóstoles se perpetuo en su oficio ni fue reemplazado al morir. **Profetas.** Vea la nota sobre Efesios. 2:20. No se trata de creyentes corrientes que tuvieran el don de profecía, sino de hombres con una comisión especial en la iglesia primitiva. El oficio de profeta parece haber sido para el provecho exclusivo de una congregación local, esto se debe a que no eran "enviados" como los apóstoles (vea Hechos. 13:1), aunque al igual que los apóstoles, su oficio ceso al quedar completado el Nuevo Testamento. En algunas oportunidades pronunciaron ciertas revelaciones practicas para la iglesia que procedieron directamente de Dios (Hechos. 11:21-28) y también hablaban sobre revelaciones ya dada para explicarla al resto de los creyentes (esto se implica en Hechos. 13:1). No fueron usados para recibir las escrituras. Sus mensajes debían ser juzgados por otros profetas para su convalidación (1 Corintios. 14: 32) y debían conformarse a la enseñanza de los apóstoles (versículo 37). Esos dos oficios fueron reemplazados por el ministerio de los evangelistas y los pastores maestros. **evangelistas.**

Discusión. El término "apóstol" también se emplea en sentido mas general para designar a otros hombres en la iglesia primitiva, como Bernabé (Hechos. 14:4), Silas, Timcteo (1 Tesalonicenses 2:6) y otros (Romanos 16:7; Filipenses. 2:25). (Hechos. 14:4). Estos se denominan "apóstoles en las iglesias" (2 Corintios. 8:23) y no "apóstoles de Jesucristo" como los primeros trece. Ninguno de los apóstoles se perpetuo en su oficio ni fue reemplazado al morir. **Profetas.** Vea la nota sobre Efesios. 2:20. No se trata de creyentes corrientes que tuvieran el don de profecía, sino de hombres con una comisión especial en la iglesia primitiva. El oficio de profeta parece haber sido para el provecho exclusivo de una congregación local, esto se debe a que no eran "enviados" como los apóstoles (vea Hechos. 13:1), aunque al igual que los apóstoles, su oficio ceso al quedar completado el Nuevo Testamento. En algunas oportunidades pronunciaron ciertas revelaciones prácticas para la iglesia que procedieron directamente de Dios (Hechos. 11:21-28) y también hablaban sobre revelaciones ya dada para explicarla al resto de los creyentes (esto se implica en Hechos. 13:1). No fueron usados para recibir las escrituras. Sus mensajes debían ser juzgados por otros profetas para su convalidación (1 Corintios. 14: 32) y debían conformarse a la enseñanza de los apóstoles (versículo 37). Esos dos oficios fueron reemplazados por el ministerio de los evangelistas y los pastores maestros. **evangelistas.**

Imagen.

¿Qué se puede hacer, para ayudar a los autistas-genios ocultos?
La dificultad de detectarlos en el aula de cualquier nivel educativo

Cuadro mental.

. **apóstoles.** Vea la nota sobre capítulo 2 y versículo 20. Un término que se aplica en particular a los doce discípulos que habían visto al Cristo resucitado (Hechos. 1: 22), incluido Matías que reemplazo a Judas. Mas adelante, Pablo también fue llamado y apartado de forma única como el apóstol de Jesucristo a los gentiles (Gálatas. 1: 15-17) y fue contado entre los apóstoles. Este apóstol también tuvo un encuentro personal y milagroso con Jesús al convertirse en el camino a Damasco (Hechos. 9: 1-9; Gálatas. 1: 15-17). Esos apóstoles fueron escogidos por Cristo de forma directa y por eso llegaron a conocerse como "apóstoles de Jesucristo" (Gálatas. 1:11; 1 Pedro. 1:1) Cristo les asigno tres responsabilidades básicas: 1) poner los conocimientos fundamentales de la iglesia (Efesios. 2.20), 2) recibir, declarar y escribir la Palabra de Dios (Efesios. 3:5; Hechos, 11: 28; 21: 10, 11) y 3) dar confirmación de esa Palabra por medio de señales, prodigios y milagros (2 Corintios. 12: 12 cp. Hechos. 8: 6, 7; Hebreos. 2.3, 4).

Resumiendo.

Evangelistas. Hombres que proclamaban las buenas nuevas de salvación en Jesucristo a los no creyentes. Cp. el uso de este termino en Hechos. 21:8; 2 Timoteo. 4:5. El verbo relacionado que se traduce "predicar el evangelio" ocurre cincuenta y cuatro veces y el sustantivo relacionado que se traduce "evangelio" se emplea setenta y seis veces en el Nuevo Testamento. **pastores y maestros.** Esta frase se entiende mejor en el contexto de un solo ministerio o cargo de liderazgo en la iglesia. La palabra griega que se traduce "y" puede significar "en particular" (vea 1 Timoteo. 5.17). el significado normal de pastor es "apacentador", así que las dos funciones definen en conjunción el ministerio del pastor que ensena. Se identifica como un siervo que está en sumisión al "gran Pastor" Jesús (Hebreos. 13:20, 21; 1 Pedro. 2: 25). La persona que ejerce este oficio también se llama "anciano" (vea las notas sobre Tito 1:5-9) y "obispo" (vea las notas sobre 1 Timoteo. 3:1-7). Hechos. 20: 28 y 1 Pedro. 5:1,2 incluye todos los términos en unidad. El término "apóstol" también se emplea en sentido más general para designar a otros hombres en la iglesia primitiva, como Bernabé (Hechos. 14:4), Silas, Timoteo (1 Tesalonicenses 2:6) y otros (Romanos 16:7; Filipenses. 2:25). (Hechos. 14:4). Estos se denominan "apóstoles en las iglesias" (2 Corintios. 8:23) y no "apóstoles de Jesucristo" como los primeros trece. Ninguno de los apóstoles se perpetuo en su oficio ni fue reemplazado al morir.

Recapitulación.

Hombres que proclamaban las buenas nuevas de salvación en Jesucristo a los no creyentes. Cp. el uso de este término en Hechos. 21:8; 2 Timoteo. 4:5. El verbo relacionado que se traduce "predicar el evangelio" ocurre cincuenta y cuatro veces y el sustantivo relacionado que se traduce "evangelio" se emplea setenta y seis veces en el Nuevo Testamento. **pastores y maestros.** Esta frase se entiende mejor en el contexto de un solo ministerio o cargo de liderazgo en la iglesia. La palabra griega que se traduce "y" puede significar "en particular" (vea 1 Timoteo. 5.17). el significado normal de pastor es "apacentador", así que las dos funciones definen en conjunción el ministerio del pastor que ensena. Se identifica como un siervo que está en sumisión al "gran Pastor" Jesús (Hebreos. 13:20, 21; 1 Pedro. 2: 25). La persona que ejerce este oficio también se llama "anciano" (vea las notas sobre Tito 1:5-9) y "obispo" (vea las notas sobre 1 Timoteo. 3:1-7). Hechos. 20: 28 y 1 Pedro. 5:1,2 incluye todos los términos en unidad. El término "apóstol" también se emplea en sentido más general para designar a otros hombres en la iglesia primitiva, como Bernabé (Hechos. 14:4), Silas, Timoteo (1 Tesalonicenses 2:6) y otros (Romanos 16:7; Filipenses. 2:25). (Hechos. 14:4). Estos se denominan "apóstoles en las iglesias" (2 Corintios. 8:23) y no "apóstoles de Jesucristo" como los primeros trece. Ninguno de los apóstoles se perpetuo en su oficio ni fue reemplazado al morir.

Comentarios. Y el mismo constituyo a unos, apóstoles; a otros, profetas; a otros, evangelistas, a otros, pastores y maestros. **4.11 el mismo constituyo a unos.** Como lo evidencio tras cumplir perfecto de la voluntad de su Padre, Cristo poseía toda la autoridad y soberanía para asignar los dones espirituales (vv. 7, 8). Maestros, sabiduría, inteligencia, consejería, poder, consejería, conocimiento y reverencia al dios el Eterno. A aquellos que Él había llamado al servicio en su iglesia. No solo dio dones, sino hombres bien dotados por El mismo. **apóstoles.** Vea la nota sobre capítulo 2 y versículo 20. Un término que se aplica en particular a los doce discípulos que habían visto al Cristo resucitado (Hechos. 1: 22), incluido Matías que reemplazo a Judas. Mas adelante, Pablo también fue llamado y apartado de forma única como el apóstol de Jesucristo a los gentiles (Gálatas. 1: 15-17) y fue contado entre los apóstoles. Este apóstol también tuvo un encuentro personal y milagroso con Jesús al convertirse en el camino a Damasco (Hechos. 9: 1-9; Gálatas. 1: 15-17). Esos apóstoles fueron escogidos por Cristo de forma directa y por eso llegaron a conocerse como "apóstoles de Jesucristo" (Gálatas. 1:11; 1 Pedro. 1:1) Cristo les asigno tres responsabilidades básicas: 1) poner los conocimientos fundamentales de la iglesia (Efesios. 2.20), 2) recibir, declarar y escribir la Palabra de Dios (Efesios. 3:5; Hechos, 11: 28; 21: 10, 11) y 3) dar confirmación de esa Palabra por medio de señales, prodigios y milagros (2 Corintios. 12: 12 cp. Hechos. 8: 6, 7; Hebreos. 2.3, 4). El término "apóstol" también se emplea en sentido más general para designar a otros hombres en la iglesia primitiva, como Bernabé.

Capitulo cinco.

Analogías metafóricas, pediátricas, didácticas, enlaces, des enlaces y reenlaces, conocimiento, sabiduría y poder.

Resumen. Analogías metafóricas, pediátricas, didácticas, enlaces, des enlaces y reenlaces, conocimiento, sabiduría y poder. Hay que recordar que, para poder iniciar un camino rumbo al conocimiento de Simplicidad a una Complejidad, necesitamos tener en cuenta primeramente la lectura, que sea diaria, que estemos animados, enamorados, en la lectura para poder discernir, comprender, analizar y poder elaborar mapas mentales y cognitivos día tras día.

Palabras clave.

Analogías metafóricas, pediátricas, didácticas, enlaces, des enlaces y reenlaces, conocimiento, sabiduría y consejería.

Introducción.

Analogías metafóricas, pediátricas, didácticas, enlaces, des enlaces y reenlaces, conocimiento, sabiduría y poder. Hay que recordar que, para poder iniciar un camino rumbo al conocimiento de Simplicidad a una Complejidad, necesitamos tener en cuenta primeramente la lectura, que sea diaria, que estemos animados, enamorados, en la lectura para poder discernir, comprender, analizar y poder elaborar mapas mentales y cognitivos día tras día. Es de suma importancia que cada estudiante y cada docente en cualquier nivel educativo, ya sea preescolar, escolar, primaria, secundaria, preparatoria, universidad. licenciatura, post grados de maestrías y doctorados, que tengamos muy claro que ser maestro y ser estudiante estaos enlazados cognitivamente, en la disciplina, en la terquedad, en sabiduría, e inteligencia, en consejería, y poder y sobre todo en con- cocimiento y tener reverencia al Creador el Eterno. Solo necesitamos tener un habito en la lectura, por la mañana, por la tarde y por la noche, leer, leer, y leer, para poder meditar lo leído y que nos quiere decir la lectura leída, para poder discernir en nuestra mente, corazón, espíritu, conciencia, y que llegue hasta la medula ósea (huesos y de ahí se va a la sangre) y ella se encarga le llevarla hasta todo nuestro ser, desde la coronilla hasta los pies, día y noche y por toda la eternidad.

Metodología sistemática.

Analogías metafóricas, pediátricas, didácticas, enlaces, des enlaces y reenlaces, conocimiento, sabiduría y poder. Hay que recordar que, para poder iniciar un camino rumbo al conocimiento de Simplicidad a una Complejidad, necesitamos tener en cuenta primeramente la lectura, que sea diaria, que estemos animados, enamorados, en la lectura para poder discernir, comprender, analizar y poder elaborar mapas mentales y cognitivos día tras día. Es de suma importancia que cada estudiante y cada docente en cualquier nivel educativo, ya sea preescolar, escolar, primaria, secundaria, preparatoria, universidad. licenciatura, post grados de maestrías y doctorados, que tengamos muy claro que ser maestro y ser estudiante estaos enlazados cognitivamente, en la disciplina, en la terquedad, en sabiduría, e inteligencia, en consejería, y poder y sobre todo en con- cocimiento y tener reverencia al Creador el Eterno. Solo necesitamos tener un habito en la lectura, por la mañana, por la tarde y por la noche, leer, leer, y leer, para poder meditar lo leído y que nos quiere decir la lectura leída, para poder discernir en nuestra mente, corazón, espíritu, conciencia, y que llegue hasta la medula ósea (huesos y de ahí se va a la sangre) y ella se encarga le llevarla hasta todo nuestro ser, desde la coronilla hasta los pies, día y noche y por toda la eternidad. Es muy importante que cada estudiante y maestro, estemos conscientes que la educación, la didáctica, la pedagogía, la filosofía y el conocimiento profundo es muy en serio para poder llegar a entender, y discernir lo leído, y poner en práctica.

Discusión.

Analogías metafóricas, pediátricas, didácticas, enlaces, des enlaces y reenlaces, conocimiento, sabiduría y poder. Hay que recordar que, para poder iniciar un camino rumbo al conocimiento de Simplicidad a una Complejidad, necesitamos tener en cuenta primeramente la lectura, que sea diaria, que estemos animados, enamorados, en la lectura para poder discernir, comprender, analizar y poder elaborar mapas mentales y cognitivos día tras día. Analogías metafóricas, pediátricas, didácticas, enlaces, des enlaces y reenlaces, conocimiento, sabiduría y consejería.

Solo necesitamos tener un habito en la lectura, por la mañana, por la tarde y por la noche, leer, leer, y leer, para poder meditar lo leído y que nos quiere decir la lectura leída, para poder discernir en nuestra mente, corazón, espíritu, conciencia, y que llegue hasta la medula ósea (huesos y de ahí se va a la sangre) y ella se encarga le llevarla hasta todo nuestro ser, desde la coronilla hasta los pies, día y noche y por toda la eternidad. Es muy importante que cada estudiante y maestro, estemos conscientes que la educación, la didáctica, la pedagogía, la filosofía y el conocimiento profundo es muy en serio para poder llegar a entender, y discernir lo leído, y poner en práctica. Ahora, es decir hoy es el momento de hacerlo y ponerlo en acción. ¡Vamos mano a la obra!

Resumiendo.

Analogías metafóricas, pediátricas, didácticas, enlaces, des enlaces y reenlaces, conocimiento, sabiduría y poder. Hay que recordar que, para poder iniciar un camino rumbo al conocimiento de Simplicidad a una Complejidad, necesitamos tener en cuenta primeramente la lectura, que sea diaria, que estemos animados, enamorados, en la lectura para poder discernir, comprender, analizar y poder elaborar mapas mentales y cognitivos día tras día. Es de suma importancia que cada estudiante y cada docente en cualquier nivel educativo, ya sea preescolar, escolar, primaria, secundaria, preparatoria, universidad. licenciatura, post grados de maestrías y doctorados, que tengamos muy claro que ser maestro y ser estudiante estaos enlazados cognitivamente, en la disciplina, en la terquedad, en sabiduría, e inteligencia, en consejería, y poder y sobre todo en con- cocimiento y tener reverencia al Creador el Eterno. Solo necesitamos tener un habito en la lectura, por la mañana, por la tarde y por la noche, leer, leer, y leer, para poder meditar lo leído y que nos quiere decir la lectura leída, para poder discernir en nuestra mente, corazón, espíritu, conciencia, y que llegue hasta la medula ósea (huesos y de ahí se va a la sangre) y ella se encarga le llevarla hasta todo nuestro ser, desde la coronilla hasta los pies, día y noche y por toda la eternidad. Es muy importante que cada estudiante y maestro, estemos conscientes que la educación, la didáctica, la pedagogía, la filosofía y el conocimiento profundo es muy en serio para poder llegar a entender, y discernir lo leído, y poner en práctica.

Recapitulación.

Analogías metafóricas, pediátricas, didácticas, enlaces, des enlaces y reenlaces, conocimiento, sabiduría y poder. Hay que recordar que, para poder iniciar un camino rumbo al conocimiento de Simplicidad a una Complejidad, necesitamos tener en cuenta primeramente la lectura, que sea diaria, que estemos animados, enamorados, en la lectura para poder discernir, comprender, analizar y poder elaborar mapas mentales y cognitivos día tras día. Es de suma importancia que cada estudiante y cada docente en cualquier nivel educativo, ya sea preescolar, escolar, primaria, secundaria, preparatoria, universidad. licenciatura, post grados de maestrías y doctorados, que tengamos muy claro que ser maestro y ser estudiante estaos enlazados cognitivamente, en la disciplina, en la terquedad, en sabiduría, e inteligencia, en consejería, y poder y sobre todo en con- cocimiento y tener reverencia al Creador el Eterno. Solo necesitamos tener un , habito en la lectura, por la mañana, por la tarde y por la noche, leer, leer, y leer, para poder meditar lo leído y que nos quiere decir la lectura leída, para poder discernir en nuestra mente, corazón, espíritu, conciencia, y que llegue hasta la medula ósea (huesos y de ahí se va a la sangre) y ella se encarga le llevarla hasta todo nuestro ser, desde la coronilla hasta los pies, día y noche y por toda la eternidad.

Imagen.

Los Siete Procesos de una Integridad que es la Enseñanza-Aprendizaje

La integridad de la enseñanza-aprendizaje

Cuadro mental.

Analogías metafóricas, pediátricas, didácticas, enlaces, des enlaces y reenlaces, conocimiento, sabiduría y poder. Hay que recordar que, para poder iniciar un camino rumbo al conocimiento de Simplicidad a una Complejidad, necesitamos tener en cuenta primeramente la lectura, que sea diaria, que estemos animados, enamorados, en la lectura para poder discernir, comprender, analizar y poder elaborar mapas mentales y cognitivos día tras día. Muy bien, entonces hay iniciar este hermoso proceso educativo, cognitivo hoy, y para ello, cada estudiante y maestro y publico en general debemos de estar enamorados en lo que estamos haciendo, para poder salir de la ignorancia, y no caer en una pobreza espiritual y mental, para no perdernos en la ignorancia, y así poder llegar a un conocimiento profundo. Pues bien, entonces iniciemos hoy, y que cada día, sea algo nuevo de escribir para mí, y para los demás.

¡Vamos pues mano a la obra y que se inicie hoy, la acción, mental cognitivo, espiritual, y sobre todo con mucho amor!

Comentarios.

¿Qué piensa usted mi querido lector, y lectora de este hermoso libro?

¿Podremos hacer un cambio interno, tanto cognitivo como Somático? en la enseñanza y todo lo que mencionaste, este hermoso libro

¡Mano a la obra claro que si se puede!

¡Todo es cuestión de querer, y con mucho amor!

¡Vamos pues , hoy es el dia para ello!

Imagen.

Armando Barraza
Por que, hoy dia, maestro y estudiante estan desintegrados
Acaso existe soberbia, en el docente y estudiantado

Capitulo sexto.

Resumiendo: pastores y maestros.

Resumen. Pastores y maestros. Esta frase se entiende mejor en el contexto de un solo ministerio o cargo de liderazgo en la iglesia. La palabra griega que se traduce "y" puede significar "en particular" (vea 1 Timoteo. 5.17).

Palabras clave.

Enseñanza, disciplina, maestro, estudiante. y conocimiento.

Introducción. Esta frase se entiende mejor en el contexto de un solo ministerio o cargo de liderazgo en la iglesia. La palabra griega que se traduce "y" puede significar "en particular" (vea 1 Timoteo. 5.17). **Enseñanza, disciplina, maestro, estudiante. y conocimiento.**

El significado normal de pastor es "apacentador", así que las dos funciones definen en conjunción el ministerio del pastor que ensena. Se identifica como un siervo que está en sumisión al "gran Pastor" Jesús (Hechos 13.20, 21; 1 Pedro 2.25). la persona que ejerce este oficio también se llama "anciano" (vea las notas sobre Tito. 1:5-9) y "obispo" (vea las notas sobre 1 Timoteo. 3.1-7, Hechos. 20: 28 y 1 Pedro 5.1,2 incluye los términos en unidad. **1 Timoteo. 5.17 dice así:** Los ancianos que gobiernan bien, sean tenidos por dignos de doble honor, mayormente los que trabajan en predicar y ensenar. **5:17 ancianos.** Esto identifica al "obispo" (1timoteo. 3:1) o supervisor que monta guarda para proteger al rebano y que también es llamado pastor (Efesios. 4:11) Vea. Las notas sobre 1Timoteo 3. 1-7; Tito. 1: 6-9, **gobiernan bien.** Los ancianos ejercen el gobierno espiritual en la iglesia. Cp. 1 Tesalonicenses. 5: 12, 13; Hebreos. 13: 7, 17, **doble honor.** Los ancianos que sirven con mayor compromiso, excelencia y esfuerzo deberían recibir mayor reconocimiento de sus congregaciones. Esta expresión no significa que tales obreros deban de recibir el doble de remuneración que los demás, sino que por haber ganado tanto respeto deberían recibir un pago más generoso.

Metodología sistemática.

Mayormente.

Significa “ante todo” o “en particular”. La idea implícita es que algunos ancianos trabajarán más duro que otros y serán mas sobresalientes en el ministerio. **Trabajan.** Lit. “trabajar hasta el cansancio o el agotamiento”. La palabra griega recalca el esfuerzo tras la labor mas que la cantidad misma de trabajo. **predicar y ensenar.** Vea la nota sobre 1 Timoteo. 4.13. la primera actividad corresponde a la proclamación e incluye también la exhortación y la admonición de todo el rebano. Requiere una respuesta de corazón al Señor. La segunda tiene que ver con producir un fortalecimiento esencial contra la herejía y se enfoca más en la instrucción paciente de cada creyente- estudiante. Hoy es el día de iniciar este proyecto y ser responsable, de iniciar este camino de la maravillosa enseñanza, que nos lleva a un aprendizaje correcto, incorruptible, y así poder ser responsables de cada día, de estar presente mente. Alma, conciencia y espíritu en la enseñanza, entre el estudiante y maestro en el aula, en la biblioteca, en casa y cualquier lugar que este Presto esta maravillosa aventura de la enseñanza-aprendizaje. Y solo así, podremos llegar a un Conocimiento profundo, y elaborara mapas mentales y cognitivos, y aplicarlo para mí, primeramente y después para los demás, y que sea útil, y provechoso para bien de cada uno de nosotros y los demás.

Discusión. Esta frase se entiende mejor en el contexto de un solo ministerio o cargo de liderazgo en la iglesia. La palabra griega que se traduce "y" puede significar "en particular" (vea 1 Timoteo. 5.17). **Enseñanza, disciplina, maestro, estudiante. y conocimiento.**

El significado normal de pastor es "apacentador", así que las dos funciones definen en conjunción el ministerio del pastor que ensena. Se identifica como un siervo que está en sumisión al "gran Pastor" Jesús (Hechos 13.20, 21; 1 Pedro 2.25). la persona que ejerce este oficio también se llama "anciano" (vea las notas sobre Tito. 1:5-9) y "obispo" (vea las notas sobre 1 Timoteo. 3.1-7, Hechos. 20: 28 y 1 Pedro 5.1,2 incluye los términos en unidad. **1 Timoteo. 5.17 dice así:** Los ancianos que gobiernan bien, sean tenidos por dignos de doble honor, mayormente los que trabajan en predicar y ensenar. **5:17 ancianos.** Esto identifica al "obispo" (1timoteo. 3:1) o supervisor que monta guarda para proteger al rebano y que también es llamado pastor (Efesios. 4:11) Vea. Las notas sobre 1Timoteo 3. 1-7; Tito. 1: 6-9, **gobiernan bien.** Los ancianos ejercen el gobierno espiritual en la iglesia. Cp. 1 Tesalonicenses. 5: 12, 13; Hebreos. 13: 7, 17, **doble honor.** Los ancianos que sirven con mayor compromiso, excelencia y esfuerzo deberían recibir mayor reconocimiento de sus congregaciones. Esta expresión no significa que tales obreros deban de recibir el doble de remuneración que los demás, sino que por haber ganado tanto respeto deberían recibir un pago más generoso.

Imagen.

JustFiction! Edition
El que guarda la inteligencia hallara el bien
Inteligencia, el bien
TODOS TUS LIBROS .COM

Cuadro mental.

El significado normal de pastor es "apacentador", así que las dos funciones definen en conjunción el ministerio del pastor que ensena. Se identifica como un siervo que está en sumisión al "gran Pastor" Jesús (Hechos 13.20, 21; 1 Pedro 2.25). la persona que ejerce este oficio también se llama "anciano" (vea las notas sobre Tito. 1:5-9) y "obispo" (vea las notas sobre 1 Timoteo. 3.1-7, Hechos. 20: 28 y 1 Pedro 5.1,2 incluye los términos en unidad. **1 Timoteo. 5.17 dice así:** Los ancianos que gobiernan bien, sean tenidos por dignos de doble honor, mayormente los que trabajan en predicar y ensenar. **5:17 ancianos.** Esto identifica al "obispo" (1timoteo. 3:1) o supervisor que monta guarda para proteger al rebano y que también es llamado pastor (Efesios. 4:11) Vea. Las notas sobre 1Timoteo 3. 1-7; Tito. 1: 6-9, **gobiernan bien.** Los ancianos ejercen el gobierno espiritual en la iglesia. Cp. 1 Tesalonicenses. 5: 12, 13; Hebreos. 13: 7, 17, **doble honor.** Los ancianos que sirven con mayor compromiso, excelencia y esfuerzo deberían recibir mayor reconocimiento de sus congregaciones. Esta expresión no significa que tales obreros deban de recibir el doble de remuneración que los demás, sino que por haber ganado tanto respeto deberían recibir un pago más generoso.

Resumiendo.

Significa “ante todo” o “en particular”. La idea implícita es que algunos ancianos trabajarán más duro que otros y serán más sobresalientes en el ministerio. **Trabajan.** Lit. “trabajar hasta el cansancio o el agotamiento”. La palabra griega recalca el esfuerzo tras la labor más que la cantidad misma de trabajo. **predicar y ensenar.** Vea la nota sobre 1 Timoteo. 4.13. la primera actividad corresponde a la proclamación e incluye también la exhortación y la admonición de todo el rebano. Requiere una respuesta de corazón al Señor. La segunda tiene que ver con producir un fortalecimiento esencial contra la herejía y se enfoca más en la instrucción paciente de cada creyente- estudiante. Hoy es el día de iniciar este proyecto y ser responsable, de iniciar este camino de la maravillosa enseñanza, que nos lleva a un aprendizaje correcto, incorruptible, y así poder ser responsables de cada día, de estar presente mente. Alma, conciencia y espíritu en la enseñanza, entre el estudiante y maestro en el aula, en la biblioteca, en casa y cualquier lugar que este Presto esta maravillosa aventura de la enseñanza-aprendizaje. Y solo así, podremos llegar a un Conocimiento profundo, y elaborara mapas mentales y cognitivos, y aplicarlo para mí, primeramente y después para los demás, y que sea útil, y provechoso para bien de cada uno de nosotros y los demás.

Recapitulación.

Esta frase se entiende mejor en el contexto de un solo ministerio o cargo de liderazgo en la iglesia. La palabra griega que se traduce "y" puede significar "en particular" (vea 1 Timoteo. 5.17). **Enseñanza, disciplina, maestro, estudiante. y conocimiento.**

El significado normal de pastor es "apacentador", así que las dos funciones definen en conjunción el ministerio del pastor que ensena. Se identifica como un siervo que está en sumisión al "gran Pastor" Jesús (Hechos 13.20, 21; 1 Pedro 2.25). la persona que ejerce este oficio también se llama "anciano" (vea las notas sobre Tito. 1:5-9) y "obispo" (vea las notas sobre 1 Timoteo. 3.1-7, Hechos. 20: 28 y 1 Pedro 5.1,2 incluye los términos en unidad. **1 Timoteo. 5.17 dice así:** Los ancianos que gobiernan bien, sean tenidos por dignos de doble honor, mayormente los que trabajan en predicar y ensenar. **5:17 ancianos.** Esto identifica al "obispo" (1timoteo. 3:1) o supervisor que monta guarda para proteger al rebano y que también es llamado pastor (Efesios. 4:11) Vea. Las notas sobre 1Timoteo 3. 1-7; Tito. 1: 6-9, **gobiernan bien.** Los ancianos ejercen el gobierno espiritual en la iglesia. Cp. 1 Tesalonicenses. 5: 12, 13; Hebreos. 13: 7, 17, **doble honor.** Los ancianos que sirven con mayor compromiso, excelencia y esfuerzo deberían recibir mayor reconocimiento de sus congregaciones. Esta expresión no significa que tales obreros deban de recibir el doble de remuneración que los demás, sino que por haber ganado tanto respeto deberían recibir un pago más generoso.

Comentarios.

¿Qué piensas tu, mi querido lector y lectora, respecto a este hermoso libro?

¿Qué dices tú, mi querido estudiante y maestro, respecto a este hermoso libro?

Esta frase se entiende mejor en el contexto de un solo ministerio o cargo de liderazgo en la iglesia. La palabra griega que se traduce "y" puede significar "en particular" (vea 1 Timoteo. 5.17). **Enseñanza, disciplina, maestro, estudiante. y conocimiento.**

Imagen.

La Biblia nos enseña a leer, a escribir

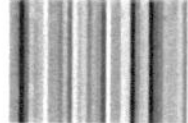

La Biblia nos enseña a leer, a escribir

La Biblia es palabra de mi Dios, que nos invita a leerla.

Capitulo siete.

¿Usted que piensa mi querido lector, lectora, estudiante, docente, respecto a la educación de hoy día en los planteles educativos en los cuatro vientos?

Resumen. ¿Usted que piensa mi querido lector, lectora, estudiante, docente, respecto a la educación de hoy día en los planteles educativos en los cuatro vientos?

Palabras clave. Educación, conocimiento, discernimiento,
Enseñanza, poder, sabiduría, inteligencia,
Consejería, amor, conocimiento profundo.

Introducción.

¿Usted que piensa mi querido lector, lectora, estudiante, docente, respecto a la educación de hoy día en los planteles educativos en los cuatro vientos? Educación, conocimiento, discernimiento,

Enseñanza, poder, sabiduría, inteligencia,

Consejería, amor, conocimiento profundo.

Es de suma importancia que cada uno de nosotros los maestros, estudiantes y publico en general, inclusive los padres de familia y las madres, que opinen respecto a la educación local, estatal nacional e

Internacional, sabemos que hay cambios didácticos, y uno de, ellos es el famoso celular- Internet, que obligan a los estudiantes con sus tareas cada día que navegan por el celular-Internet, no digo que es malo, pero pienso que los están volviendo más autómatas, es decir, ya no reflexionan, ya no meditan, ya no analizan profundamente, e inclusive ya no saben ni leer correctamente. Y esto es grave, porque, entonces ya no hay conocimiento profundo, solo conocimiento superficial, y el resultado es que serán: nubes sin agua, cualquier teoría, cualquier pensamiento ajeno a ello, nos arrastrarán por doquier.

Estamos viviendo tiempos muy difíciles, donde la ciencia, y la tecnología están avanzando en pasos agigantados, la verdad no sé, ¡que va a pasar, más adelante!

Metodología sistemática.

¿Usted que piensa mi querido lector, lectora, estudiante, docente, respecto a la educación de hoy día en los planteles educativos en los cuatro vientos? Educación, conocimiento, discernimiento,

Enseñanza, poder, sabiduría, inteligencia,

Consejería, amor, conocimiento profundo.

Es de suma importancia que cada uno de nosotros los maestros, estudiantes y público en general, inclusive los padres de familia y las madres, que opinen respecto a la educación local, estatal nacional e

Internacional, sabemos que hay cambios didácticos, y uno de, ellos es el famoso celular- Internet, que obligan a los estudiantes con sus tareas cada día que navegan por el celular-Internet, no digo que es malo, pero pienso que los están volviendo más autómatas, es decir, ya no reflexionan, ya no meditan, ya no analizan profundamente, e inclusive ya no saben ni leer correctamente. Y esto es grave, porque, entonces ya no hay conocimiento profundo, solo conocimiento superficial, y el resultado es que serán: nubes sin agua, cualquier teoría, cualquier pensamiento ajeno a ello, nos arrastrarán por doquier.

Estamos viviendo tiempos muy difíciles, donde la ciencia, y la tecnología están avanzando en pasos agigantados, la verdad no sé, ¡que va a pasar, más adelante!

Discusión.

Manda por favor tus comentarios en mi correo electrónico. Es de suma importancia que el lector, lectora, estudiante y docente y además público en general, que mencione sus sentires, respecto a la educación a distancia, presencial, y que podemos ayudar, para que la educación llegue a una calidad, viable, es por ello, que ustedes mencionen sus sentires.

Muy bien, creo que vamos por un buen camino, rumbo a la educación de alta calidad, y así estar conscientes que hemos luchado por una causa de salir adelante, de la mediocridad a un conocimiento profundo.

Espero que todos y cada uno de nosotros, estemos listos hoy para ese nuevo cambio cognitivo y mental y ser útiles ante la sociedad.

Espero que así sea, y así podremos llegara la Cima en la educación.

Cuadro mental.

Es de suma importancia que cada uno de nosotros los maestros, estudiantes y público en general, inclusive los padres de familia y las madres, que opinen respecto a la educación local, estatal nacional e Internacional, sabemos que hay cambios didácticos, y uno de, ellos es el famoso celular- Internet, que obligan a los estudiantes con sus tareas cada día que navegan por el celular-Internet, no digo que es malo, pero pienso que los están volviendo más autómatas, es decir, ya no reflexionan, ya no meditan, ya no analizan profundamente, e inclusive ya no saben ni leer correctamente. Y esto es grave, porque, entonces ya no hay conocimiento profundo, solo conocimiento superficial, y el resultado es que serán: nubes sin agua, cualquier teoría, cualquier pensamiento ajeno a ello, nos arrastrarán por doquier.

Estamos viviendo tiempos muy difíciles, donde la ciencia, y la tecnología están avanzando en pasos agigantados, la verdad no sé, ¡que va a pasar, más adelante!

Imagen.

Armando Barraza

Hoy voy a Aprender a Leer

Aprender a leer me es muy útil, para salir de la mediocridad

Resumiendo. ¿Usted que piensa mi querido lector, lectora, estudiante, docente, respecto a la educación de hoy día en los planteles educativos en los cuatro vientos? Educación, conocimiento, discernimiento,

Enseñanza, poder, sabiduría, inteligencia,

Consejería, amor, conocimiento profundo.

Es de suma importancia que cada uno de nosotros los maestros, estudiantes y público en general, inclusive los padres de familia y las madres, que opinen respecto a la educación local, estatal nacional e

Internacional, sabemos que hay cambios didácticos, y uno de, ellos es el famoso celular- Internet, que obligan a los estudiantes con sus tareas cada día que navegan por el celular-Internet, no digo que es malo, pero pienso que los están volviendo más autómatas, es decir, ya no reflexionan, ya no meditan, ya no analizan profundamente, e inclusive ya no saben ni leer correctamente. Y esto es grave, porque, entonces ya no hay conocimiento profundo, solo conocimiento superficial, y el resultado es que serán: nubes sin agua, cualquier teoría, cualquier pensamiento ajeno a ello, nos arrastrarán por doquier.

Estamos viviendo tiempos muy difíciles, donde la ciencia, y la tecnología están avanzando en pasos agigantados, la verdad no sé, ¡que va a pasar, más adelante!

Recapitulación.

¿Usted que piensa mi querido lector, lectora, estudiante, docente, respecto a la educación de hoy día en los planteles educativos en los cuatro vientos? Educación, conocimiento, discernimiento,

Enseñanza, poder, sabiduría, inteligencia,

Consejería, amor, conocimiento profundo.

Es de suma importancia que cada uno de nosotros los maestros, estudiantes y público en general, inclusive los padres de familia y las madres, que opinen respecto a la educación local, estatal nacional e

Internacional, sabemos que hay cambios didácticos, y uno de, ellos es el famoso celular- Internet, que obligan a los estudiantes con sus tareas cada día que navegan por el celular-Internet, no digo que es malo, pero pienso que los están volviendo más autómatas, es decir, ya no reflexionan, ya no meditan, ya no analizan profundamente, e inclusive ya no saben ni leer correctamente. Y esto es grave, porque, entonces ya no hay conocimiento profundo, solo conocimiento superficial, y el resultado es que serán: nubes sin agua, cualquier teoría, cualquier pensamiento ajeno a ello, nos arrastrarán por doquier.

Estamos viviendo tiempos muy difíciles, donde la ciencia, y la tecnología están avanzando en pasos agigantados, la verdad no sé, ¡que va a pasar, más adelante!

Imagen.

Imagen.

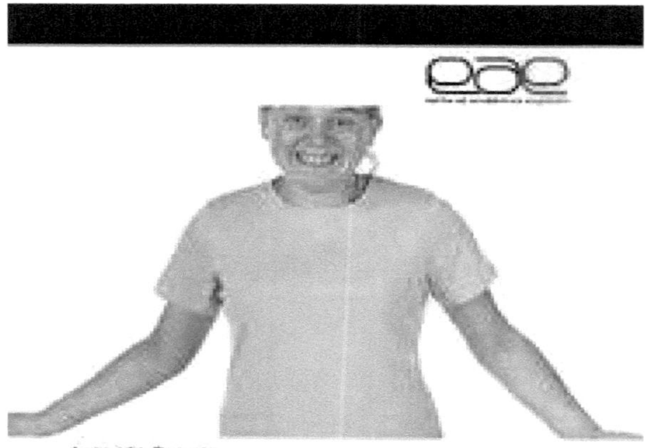
Tu decides, si haces el bien o el mal
Tu decides, hacia donde vas, rumbo a la Sima o a la Cima

Capitulo ocho.

Resumiendo, los capítulos anteriores y más.

Resumen.

Vamos a abordar de lo sencillo a lo más profundo la palabra, palabra escrita y palabra del maestro(a), del estudiantado y de lector(a), y vamos a ver, a percibir, a sentir, que tan fuerte es la palabra a través de nuestra sangre, que es capaz de partir la mente, a discierne, y a través de la consciencia donde llega hasta lo más profundo del discernimiento del ser humano, a tal grado que llega a cada una de nuestras células eucariotas, con toda su complejidad celular, hasta llegar al núcleo, al nucléolo, hasta el túnel nuclear y por supuesto tiene que llegar hasta la luz esa luz que es el ADN de nuestras células, de nuestros tejidos, de nuestros órganos, de nuestros aparatos, y de nuestros sistemas, en resumen en toldo nuestro ser. La palabra escrita, verbal o corporal es tan fuerte que paraliza a todo aquel que la reciba, nada más debo decir, que la palabra de acuerdo con el mensaje tiene dos caminos, como es parecida a una espada de dos filos, puede destruir como edificar, de acuerdo al mensaje, y de acuerdo como la recibe el receptor y la canalice en su mente, consciencia, lo flujo sanguíneo, su ADN, su corazón, sus sistemas y sus tres cerebros (cerebro humano, cerebro mamífero y su cerebro reptiliano).

Introducción.

Pues bien vamos a elaborar analogías, mapas mentales, cognitivos, y hasta acrósticos, para poder llegar a todo aquel o aquella que quiera que le penetre la palabra para una mejora en su interior, y por ende su exterior.

Hoy día, no es muy usual que el estudiante, maestro y lectores tengan el habito de leer, pero para poder saber, discernir, entender, comprender, y ser servidores ante la sociedad. Es de suma importancia que cada uno de nosotros los maestros, estudiantes y público en general, inclusive los padres de familia y las madres, que opinen respecto a la educación local, estatal nacional e

Internacional, sabemos que hay cambios didácticos, y uno de, ellos es el famoso celular- Internet, que obligan a los estudiantes con sus tareas cada día que navegan por el celular-Internet, no digo que es malo, pero pienso que los están volviendo más autómatas, es decir, ya no reflexionan, ya no meditan, ya no analizan profundamente, e inclusive ya no saben ni leer correctamente. Y esto es grave, porque, entonces ya no hay conocimiento profundo, solo conocimiento superficial, y el resultado es que serán: nubes sin agua, cualquier teoría, cualquier pensamiento ajeno a ello, nos arrastrarán por doquier.

Estamos viviendo tiempos muy difíciles, donde la ciencia, y la tecnología están avanzando en pasos agigantados, la verdad no sé, ¡que va a pasar, más adelante!

Metodología sistemática.

Significa "ante todo" o "en particular". La idea implícita es que algunos ancianos trabajarán más duro que otros y serán más sobresalientes en el ministerio. **Trabajan.** Lit. "trabajar hasta el cansancio o el agotamiento". La palabra griega recalca el esfuerzo tras la labor más que la cantidad misma de trabajo. **predicar y ensenar.** Vea la nota sobre 1 Timoteo. 4.13. la primera actividad corresponde a la proclamación e incluye también la exhortación y la admonición de todo el rebano. Requiere una respuesta de corazón al Señor. La segunda tiene que ver con producir un fortalecimiento esencial contra la herejía y se enfoca más en la instrucción paciente de cada creyente- estudiante. Hoy es el día de iniciar este proyecto y ser responsable, de iniciar este camino de la maravillosa enseñanza, que nos lleva a un aprendizaje correcto, incorruptible, y así poder ser responsables de cada día, de estar presente mente. Alma, conciencia y espíritu en la enseñanza, entre el estudiante y maestro en el aula, en la biblioteca, en casa y cualquier lugar que este Presto esta maravillosa aventura de la enseñanza-aprendizaje. Y solo así, podremos llegar a un Conocimiento profundo, y elaborara mapas mentales y cognitivos, y aplicarlo para mí, primeramente y después para los demás, y que sea útil, y provechoso para bien de cada uno de nosotros y los demás.

Discusión.

Esta frase se entiende mejor en el contexto de un solo ministerio o cargo de liderazgo en la iglesia. La palabra griega que se traduce "y" puede significar "en particular" (vea 1 Timoteo. 5.17). **Enseñanza, disciplina, maestro, estudiante. y conocimiento.**

El significado normal de pastor es "apacentador", así que las dos funciones definen en conjunción el ministerio del pastor que ensena. Se identifica como un siervo que está en sumisión al "gran Pastor" Jesús (Hechos 13.20, 21; 1 Pedro 2.25). la persona que ejerce este oficio también se llama "anciano" (vea las notas sobre Tito. 1:5-9) y "obispo" (vea las notas sobre 1 Timoteo. 3.1-7, Hechos. 20: 28 y 1 Pedro 5.1,2 incluye los términos en unidad. **1 Timoteo. 5.17 dice así:** Los ancianos que gobiernan bien, sean tenidos por dignos de doble honor, mayormente los que trabajan en predicar y ensenar. **5:17 ancianos.** Esto identifica al "obispo" (1timoteo. 3:1) o supervisor que monta guarda para proteger al rebano y que también es llamado pastor (Efesios. 4:11) Vea. Las notas sobre 1Timoteo 3. 1-7; Tito. 1: 6-9, **gobiernan bien.** Los ancianos ejercen el gobierno espiritual en la iglesia. Cp. 1 Tesalonicenses. 5: 12, 13; Hebreos. 13: 7, 17, **doble honor.** Los ancianos que sirven con mayor compromiso, excelencia y esfuerzo deberían recibir mayor reconocimiento de sus congregaciones. Esta expresión no significa que tales obreros deban de recibir el doble de remuneración que los demás, sino que por haber ganado tanto respeto deberían recibir un pago más generoso.

Imagen.

Cuadro mental.

Hoy día, no es muy usual que el estudiante, maestro y lectores tengan el habito de leer, pero para poder saber, discernir, entender, comprender, y ser servidores ante la sociedad. Es de suma importancia que cada uno de nosotros los maestros, estudiantes y público en general, inclusive los padres de familia y las madres, que opinen respecto a la educación local, estatal nacional e Internacional, sabemos que hay cambios didácticos, y uno de, ellos es el famoso celular- Internet, que obligan a los estudiantes con sus tareas cada día que navegan por el celular-Internet, no digo que es malo, pero pienso que los están volviendo más autómatas, es decir, ya no reflexionan, ya no meditan, ya no analizan profundamente, e inclusive ya no saben ni leer correctamente. Y esto es grave, porque, entonces ya no hay conocimiento profundo, solo conocimiento superficial, y el resultado es que serán: nubes sin agua, cualquier teoría, cualquier pensamiento ajeno a ello, nos arrastrarán por doquier.

Estamos viviendo tiempos muy difíciles, donde la ciencia, y la tecnología están avanzando en pasos agigantados, la verdad no sé, ¡que va a pasar, más adelante!

Resumiendo. ¿Usted que piensa mi querido lector, lectora, estudiante, docente, respecto a la educación de hoy día en los planteles educativos en los cuatro vientos? Educación, conocimiento, discernimiento,

Enseñanza, poder, sabiduría, inteligencia,

Consejería, amor, conocimiento profundo.

Es de suma importancia que cada uno de nosotros los maestros, estudiantes y público en general, inclusive los padres de familia y las madres, que opinen respecto a la educación local, estatal nacional e

Internacional, sabemos que hay cambios didácticos, y uno de, ellos es el famoso celular- Internet, que obligan a los estudiantes con sus tareas cada día que navegan por el celular-Internet, no digo que es malo, pero pienso que los están volviendo más autómatas, es decir, ya no reflexionan, ya no meditan, ya no analizan profundamente, e inclusive ya no saben ni leer correctamente. Y esto es grave, porque, entonces ya no hay conocimiento profundo, solo conocimiento superficial, y el resultado es que serán: nubes sin agua, cualquier teoría, cualquier pensamiento ajeno a ello, nos arrastrarán por doquier.

Estamos viviendo tiempos muy difíciles, donde la ciencia, y la tecnología están avanzando en pasos agigantados la verdad no sé, ¡que va a pasar, más adelante!

Recapitulación.

Manda por favor tus comentarios en mi correo electrónico. Es de suma importancia que el lector, lectora, estudiante y docente y además público en general, que mencione sus sentires, respecto a la educación a distancia, presencial, y que podemos ayudar, para que la educación llegue a una calidad, viable, es por ello, que ustedes mencionen sus sentires.

Muy bien, creo que vamos por un buen camino, rumbo a la educación de alta calidad, y así estar conscientes que hemos luchado por una causa de salir adelante, de la mediocridad a un conocimiento profundo.

Espero que todos y cada uno de nosotros, estemos listos hoy para ese nuevo cambio cognitivo y mental y ser útiles ante la sociedad.

Espero que así sea, y así podremos llegara la Cima en la educación.

Comentarios.

Analogías metafóricas, pediátricas, didácticas, enlaces, des enlaces y reenlaces, conocimiento, sabiduría y poder. Hay que recordar que, para poder iniciar un camino rumbo al conocimiento de Simplicidad a una Complejidad, necesitamos tener en cuenta primeramente la lectura, que sea diaria, que estemos animados, enamorados, en la lectura para poder discernir, comprender, analizar y poder elaborar mapas mentales y cognitivos día tras día. Es de suma importancia que cada estudiante y cada docente en cualquier nivel educativo, ya sea preescolar, escolar, primaria, secundaria, preparatoria, universidad. licenciatura, post grados de maestrías y doctorados, que tengamos muy claro que ser maestro y ser estudiante estaos enlazados cognitivamente, en la disciplina, en la terquedad, en sabiduría, e inteligencia, en consejería, y poder y sobre todo en con- cocimiento y tener reverencia al Creador el Eterno. Solo necesitamos tener un habito en la lectura, por la mañana, por la tarde y por la noche, leer, leer, y leer, para poder meditar lo leído y que nos quiere decir la lectura leída, para poder discernir en nuestra mente, corazón, espíritu, conciencia, y que llegue hasta la medula ósea (huesos y de ahí se va a la sangre) y ella se encarga le llevarla hasta todo nuestro ser, desde la coronilla hasta los pies, día y noche y por toda la eternidad.

Imagen.

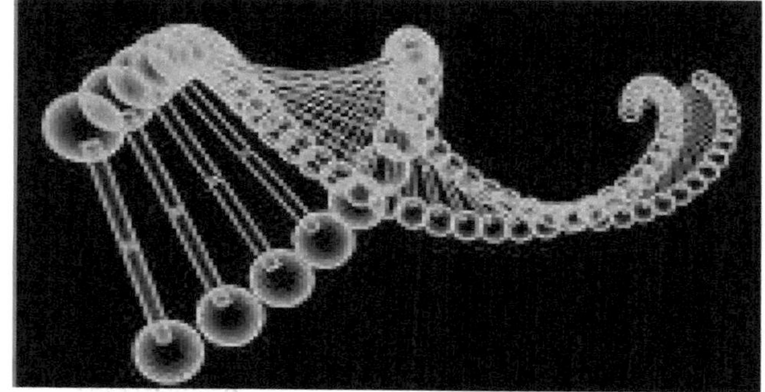

Siete Pasos para Llegar a la Consciencia
¿Cómo lo puedo hacer, para llegar a la Consciencia?

Bibliografía.

(Las Sagradas Escrituras- Biblia).

1.- Barraza Cuéllar Armando. (2011). Siete Pasos para llegar a una Enseñanza-Aprendizaje. (Metas para el 2021 en la educación educativa a nivel superior de alta calidad, en el inicio de un pensamiento integral). U.S.A. Editorial Palibrio.

2.- Barraza Cuéllar Armando. (2012) ¡Como que eres maestro! España. Editorial Académica Española.

3.- Barraza Cuéllar Armando. (2012). Vamos pues a integrar: cuerpo, mente y consciencia. España. Editorial Académica Española. ISBN.

4.- Barraza Cuellar Armando. (2012) ¿Cómo le puedo hacer? Yo, para reactivar a mí: Cuerpo, a mi mente y a la inteligencia e integrarlos para sus diferentes funciones. España. Editorial Académica Española. ISBN.

5.- Barraza Cuéllar Armando. (2012). Siete pasos para llegar a la consciencia. España. Editorial Académica Española. ISBN.

6.-Barraza Cuéllar Armando. (2012). Los siete procesos de una integridad que es la enseñanza-aprendizaje. España. Editorial Académica Española. ISBN

7.- Barraza Cuéllar Armando. (2019). Enséñame tu, lo que yo no veo. España. Editorial Académica Española. ISBN.

8.- Barraza Cuéllar Armando (2022). Tú decides, que rumbo tomas. 978- 620-2- 10386-2. Editorial Académica Española. ISBN.

9.- Barraza Cuellar Armando. (2022) Debilidades y Fortalezas para integrar, desintegrar y reintegrar. Editorial Académica española. 978-620-2- 10798-3. ISBN.

10.- Barraza Cuellar Armando. (2023). Hoy voy a Aprender a Leer. Editorial Académica Española. 978- 620- 2- 11180-5. ISBN.

11.-Barraza Cuellar Armando. (2023). Hoy día es muy difícil encontrar un Amor Sincero.

Editorial Académica Española. 978-620-2- 11421-9 ISBN.

12. Barraza Cuellar Armando, (2023) ¿Por qué nosotros los seres humanos, nos inclinamos a hacer el mal? ¡Y porque no, hacemos el bien! ISBN. 978- 620-2- 11905-4.

13.Barraza Cuellar Armando. (2023). El que guarda la inteligencia, hace el bien.

ISBN. 978-620- 010-8944.

14. Barraza Cuellar Armando (2023). Por qué hoy día al estudiante le gusta memorizar en vez de comprender. ISBN. 978- 620- 010- 8258.

15. Barraza Cuellar Armando. (2023). Amonestación contra la pereza y la falsedad.

ISBN. 978- 620- 010- 7831.

16. Barraza Cuellar Armando (2023). Nacemos, crecemos, nos reproducimos y nos morimos. ISBN. 978- 613- 942- 7055.

17. Barraza Cuellar Armando (2023). Hoy día es muy difícil encontrar un Amor sincero. ISBN. 978- 620- 211- 4219.

18. Barraza Cuellar Armando. (2023). ¿Por qué nosotros los seres humanos, nos inclinamos a hacer el mal? ISBN. 978- 613- 942- 7079.

19. Barraza Cuellar Armando. (2023). Para ser maestro hay que amar la docencia. ISBN. 978- 620-010-9453.

MIX
Papier aus verantwortungsvollen Quellen
Paper from responsible sources
FSC® C105338

Printed by Books on Demand GmbH, Norderstedt / Germany